Nicolas Donzenac

Le Débarquement

Illustrations de Francis Bergèse

EDITIONS JEAN-PAUL GISSEROT

Groenland
Canada
AMÉRIQUE
DU NORD
Etats-Unis
Océan
Pacifique
Océan
Atlantique
EUROPE
U. R. S. S.
ASIE
Chine
Japon
Inde
Océan Pacifique
AFRIQUE
Océan
Indien
AMÉRIQUE
DU SUD
Australie
Océan Atlantique

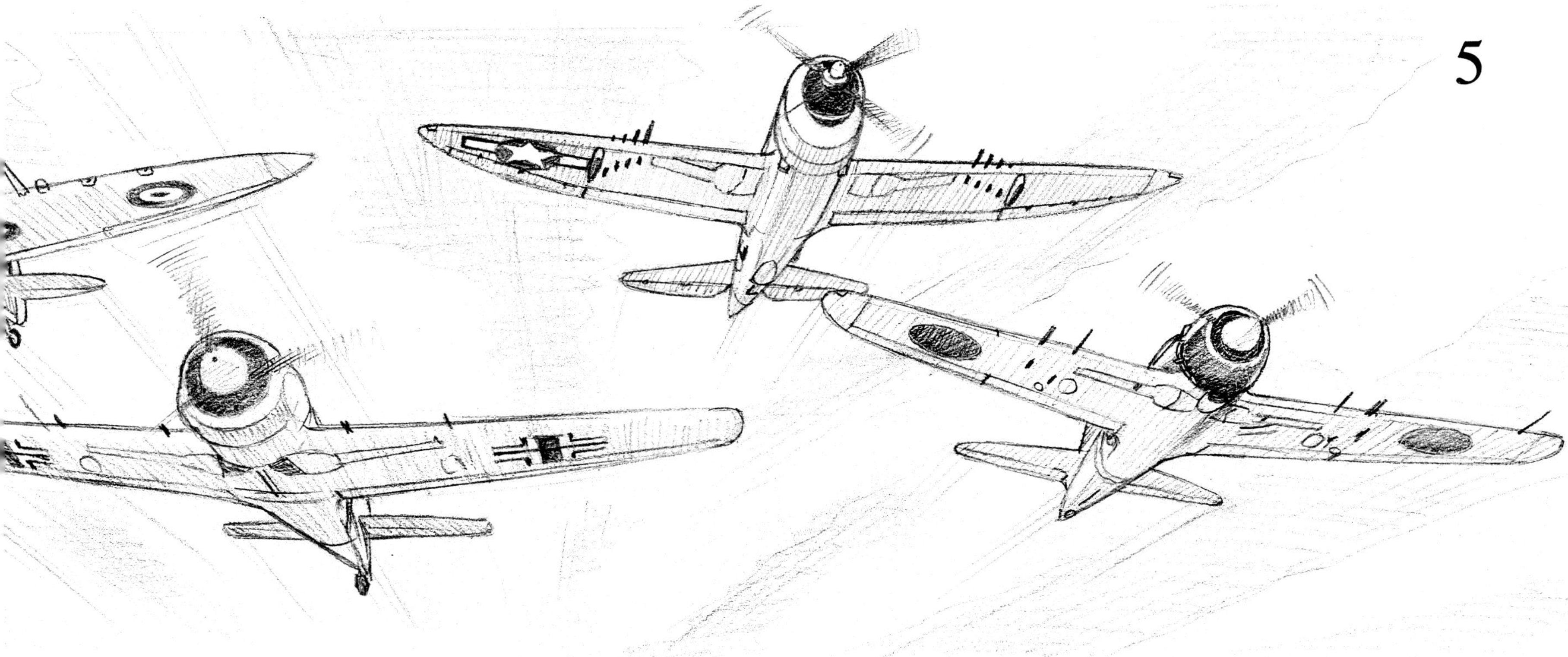

1944 : le tournant de la seconde guerre mondiale.

En 1944, les Alliés (Américains, Anglais, Canadiens, Français...) montent en puissance, surtout grâce à l'énorme effort américain. L'Italie a capitulé au moment de l'invasion de la Sicile, en 1943. Les Allemands sont repliés sur eux-mêmes et sur leurs conquêtes. Ils tiennent encore la moitié de l'Italie, l'ensemble de l'Europe, une partie de l'Union soviétique... Mais ils ont perdu l'Afrique en 43, et par la même occasion les 200 000 hommes de l'Afrika Korps, corps d'élite, prisonniers aux Etats-Unis.

L'Axe de Fer a été brisé par la défection de l'Italie, et il n'y a pas de véritable concertation avec le Japon, qui tient encore solidement sa ligne de défense, seulement grignotée depuis peu. Même s'ils ont été chassés par Mac Arthur de Nouvelle-Guinée et de Bornéo, les Japonais peuvent encore avoir confiance, en juin 44. Ils tiennent solidement les Philippines, la Birmanie, la Malaisie... C'est, à la fin de l'année 1944, la grande bataille des Philippines qui marquera leur déclin.

Ils n'interviendront pas en Europe. Les Japonais rêvaient de rejoindre Rommel, s'il avait gagné El Alamein (en 42-43) pour conquérir le canal de Suez. Ce même hiver 42-43, qui marque le tournant de la guerre en Europe, les Allemands ont aussi perdu Stalingrad, défaite confirmée par celle de Koursk, au printemps 43.

Début juin 1944, après avoir été une grande puissance offensive, le IIIe Reich est réduit à la défensive... Mais il reste redoutable et dispose de réserves et d'équipements impressionnants.

Pourquoi le Débarquement était-il indispensable ?

Il était indispensable que les Alliés prennent pied en Europe. C'était la seule solution. L'ennemi avait beau être de plus en plus écrasé par des bombardements massifs, il fallait à terme occuper le terrain. Tant que les Allemands restent implantés en France, en Hongrie, en Tchécoslovaquie... ils ont des usines qui fabriquent du matériel roulant, des chars, des munitions. Sur le territoire allemand proprement dit, ils produisent des chars, de l'artillerie, des avions, des sous-marins... Ainsi que les premières fusées V1, et ultérieurement les V2.

Dès 1944, tous les sites sont devenus vulnérables, grâce au grand rayon d'action des avions. Les avions américains opèrent de jour. Ils partent d'Angleterre, bombardent, se posent en Afrique du Nord (en Russie pendant quelques mois) où ils se réapprovisionnent, puis rentrent en bombardant de nouveau. Les avions anglais, eux, qui opèrent de nuit, rentrent après chaque mission. Malgré des pertes énormes dues à la FLAK (sigle allemand équivalant à DCA), ces bombardements sont quotidiens. A cause d'eux, l'Allemagne a dû disperser ses usines, voire même enterrer certaines d'entre elles. Mais elle ne baisse pas les bras : la Rhur, quotidiennement bombardée, renaît chaque jour de ses cendres.

L'Allemagne reste une très grande puissance, qui produit davantage d'avions et de sous-marins en 1944 qu'en 1939. Un déficit commence néanmoins à se manifester dans le domaine de l'artillerie et des chars, le front russe absorbant toutes les réserves. Ce même front russe éprouve également beaucoup les troupes d'élite. Usées, fatiguées, elles sont fréquemment envoyées «en vacances» en France, sur le front de l'Atlantique...

Les Alliés ont marqué des points. Reste à reconquérir le terrain.

Eisenhower

Marshall

Montgomery

von Rundstedt

Le projet de débarquement

En tant que tel, le projet de débarquement a été conçu dès 1941 comme exercice sur la carte, tant en Angleterre qu'aux Etats-Unis. Les Anglais, notamment, avaient été très humiliés par l'échec de Dunkerque, en 40. On retrouvera d'ailleurs l'amiral Ramsay, qui avait organisé le repli de Dunkerque, lors du débarquement de 44.

En 42, le général Eisenhower prend son poste en Grande-Bretagne. Il devient commandant suprême en 43. Le chef d'état-major américain est le général Marshall. Côté anglais, c'est le général Montgomery, auréolé de son prestige de vainqueur de Rommel, qui doit commander à terre.

Peu à peu, le projet s'améliore, devient plus solide... Mais il reste un formidable casse-tête : comment faire passer la mer à un million d'hommes ? Est-ce qu'on aura assez de navires ? En face, une armée allemande très nombreuse est solidement installée sur le Mur de l'Atlantique. Début 44, le projet est presque au point... Reste la toujours épineuse question du tonnage de la flotte qui va conduire les hommes à quelques kilomètres de la côte. Il prendront ensuite place sur des barges qui, elles, débarqueront réellement, sous le feu protecteur des canons de marine pilonnant les batteries et les blockhaus.

Des bateaux sont construits. D'autres, existants, sont réaménagés en vue de transporter cette armada. Sur les plus gros prennent place les effectifs de deux régiments, soit deux à trois mille hommes qu'il faudra loger, nourrir... Pendant un laps de temps bien supérieur à ce qui était initialement prévu, pour la première vague. Nous y reviendrons...

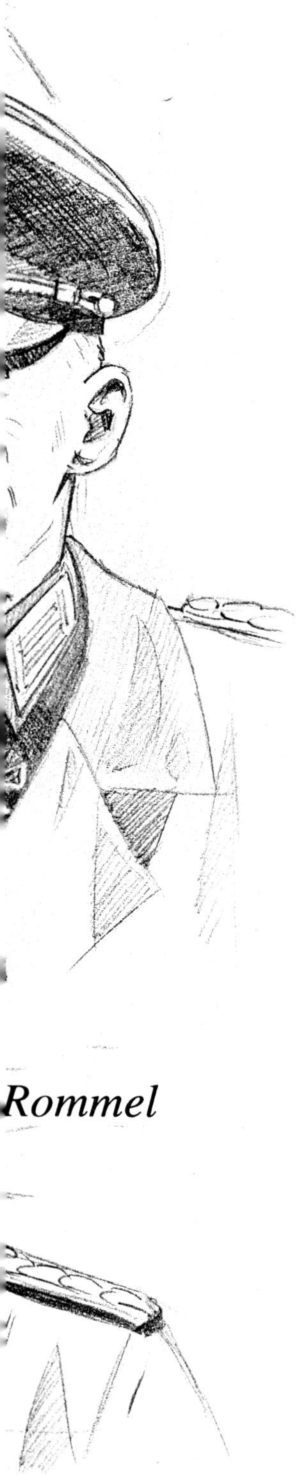

Rommel

Noms de code : Neptune pour la marine ; Overlord pour les aéroportés et les opérations à terre.

US
71

Les forces alliées

Le Débarquement du 6 juin 1944 représente toujours, cinquante ans après, la plus grosse opération amphibie qui ait jamais existé.

La toute première vague à elle seule doit amener six divisions d'infanterie (trois américaines, deux anglaises et une canadienne). Chacune apporte ses véhicules et une trentaine de blindés, qui pèsent en moyenne trente tonnes pièce. Ces chars sont transportés du début à la fin sur des bâtiments spéciaux : de grosses péniches de débarquement dont l'avant s'ouvre pour dégager une rampe qui fournit le premier plan de roulement de la machine. Il existe plusieurs modèles, plus ou moins complexes, qui serviront à acheminer les blindés.

Cette première vague est précédée par trois divisions aéroportées, parties au cours de la nuit précédente. Les effectifs sont constitués à parties sensiblement égales de parachutistes, et des aéroportés proprement dits. Ceux-ci arrivent dans des planeurs pouvant contenir vingt hommes chacun, ou dix hommes et une jeep.

Dès la nuit du 5 juin, environ cinq mille bâtiments sont en mer, portant près de trois cent mille hommes. Le Débarquement mobilisera également quatre mille engins amphibies. Au total, un million d'hommes ont été cantonnés au sud de la Grande-Bretagne. Les navires non endommagés devront rentrer prendre les autres. Les vagues suivantes amèneront toujours des hommes bien sûr, et des blindés, mais aussi des vivres et des munitions, le carburant étant directement acheminé depuis l'Angleterre.

Les forces allemandes

Contrairement aux forces alliées, l'armée allemande est une armée statique, cantonnée là depuis longtemps, sous les ordres du feld-maréchal von Rundstedt, dont le subordonné immédiat est le maréchal Rommel. Les Allemands ont mis en place un gigantesque dispositif défensif connu sous le nom de Mur de l'Atlantique (bien qu'il s'étende pratiquement de la Norvège à la frontière espagnole). Cette barrière s'articule autour de très forts points d'appui : d'énormes blockhaus de béton dont les murs atteignent quatre mètres d'épaisseur, équipés de canons de marine capables pour certains de bombarder les côtes anglaises (30 km de portée). Ces points forts sont entourés de blockhaus plus petits, eux-mêmes entourés de positions d'infanterie, avec encore des blockhaus. Les communications physiques se font par un système complexe mais très efficace de boyaux et tranchées bétonnés, bien aménagés, qui n'ont rien à voir avec ceux de 14-18. Chacun de ces points d'appui, véritable ville forte, regroupe l'effectif d'un régiment, soit 1000 à 1500 hommes. Il faut y ajouter les divisions blindées de réserve et tous les groupes d'armées d'occupation, susceptibles d'intervenir, mais uniquement sur ordre de l'état-major d'Hitler. C'est cette hiérarchisation à l'extrême qui perdra les Allemands.

Le point le plus fortement défendu se situe sur le Pas-de-Calais, où est «attendu» le Débarquement (une idée soigneusement entretenue par les services secrets, qui ont joué un rôle considérable).

Pourtant, quelques mois auparavant, Hitler a étonné les officiers de son état-major en prévoyant un débarquement en Normandie. Nous y reviendrons... Von Rundstedt, officier prussien de la vieille école, est partisan de laisser s'effectuer le débarquement, puis de réduire les assaillants sous les Panzerdivisions. Rommel, lui, pense qu'il faut empêcher ce débarquement à tout prix, craignant d'être ensuite écrasé par l'aviation alliée. Pendant les quelques mois où il exerce le commandement en second, il fait inonder les marais, il mine les plages, les hérisse de pieux (dont certains reliés à des mines) et de tétraèdres sur bipied destinés à éventrer la coque des bateaux...

La préparation par la Résistance

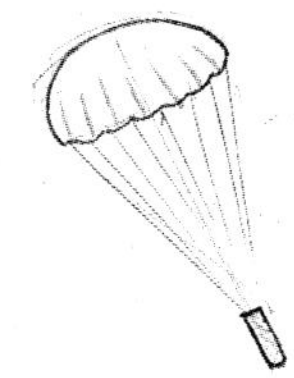

Dès 1940, le général de Gaulle refuse la défaite. Il se replie à Londres pour former le gouvernement de la France Libre.

Avant le Débarquement, la Résistance va jouer un rôle d'information capital pour les Alliés. Notamment en les renseignant parfaitement sur les fortifications allemandes, les effectifs qui y sont cantonnés, les mouvements de troupes...

Des ouvriers français ont travaillé à l'édification de ces forteresses. Qui dit construction, dit plans. Des «bleus» (copies) ont été subtilisés, puis transmis aux alliés, Outre-Manche. Il s'agit d'un travail de fourmi, aussi peu romantique que possible mais remarquablement efficace : collecter toutes les informations, les transmettre, les recouper, les traiter, les gérer... Et les utiliser enfin, tout en «piégeant» leur transmission. En cas d'interception éventuelle par l'ennemi, on imagine même un faux projet soigneusement entretenu : celui du débarquement dans le Pas-de-Calais. Les Anglais iront jusqu'à envoyer un sosie de Montgomery à Gibraltar, pour créer une «fausse» diversion.

La Résistance identifie les unités envoyées sur le Mur de l'Atlantique, évalue leur fraîcheur et leur capacité de combat. Elle renseigne également les Alliés sur les objectifs à bombarder. Au fur et à mesure que la date du Débarquement approche, sa surveillance s'étend. Aux objectifs purement militaires ou industriels s'ajoutent les voies de communication, notamment les voies ferrées, de manière à couper au maximum le Mur de l'Atlantique de ses bases arrières...

Par la suite, après le Débarquement, la Résistance intensifiera directement son action de sabotage dans ce sens... Elle reçoit des parachutages d'armes et de munitions de plus en plus nourris, surtout en mai 1944.

Le choix du site

Le lieu du Débarquement n'a pas été déterminé spontanément, loin s'en faut ! Historiquement, Winston Churchill avait une vieille idée : contrôler les Balkans avant l'arrivée des Soviétiques... Cette option a vite été abandonnée au profit d'un projet plus direct de débarquement en France, imposé par Roosevelt (vraisemblablement sous la pression de Staline).

Il faut y ajouter le souvenir de l'humiliation de Dunkerque... Car les Allemands avaient déjà une certaine expérience des débarquements alliés. Outre Dunkerque, on se souvient aussi de la malheureuse division canadienne jetée sur la côte à Dieppe, qui n'avait jamais pu effectuer une percée. En Italie, à Salerne et à Anzio-Nettuno, les Alliés avaient bien failli aussi être rejetés à la mer et n'avaient été sauvés que par la précision du tir de la marine.

La conclusion s'imposait nettement : il ne fallait pas chercher à prendre un port. Ce genre d'objectif ralentit considérablement la progression de l'assaillant et avantage toujours l'ennemi dans la mesure où il lui permet de se ressaisir et de contre-attaquer... Un port est indispensable pourtant, surtout pour une telle armada. Alors, que faire ? Tout simplement en amener un avec soi !

C'était, dictée par l'expérience, la grande audace : débarquer à un endroit où il n'y a rien ; tout amener avec soi et construire le nécessaire. En fait, les Alliés ont construit deux ports. Un à Arromanches, qui est resté opérationnel pendant toute la durée nécessaire ; l'autre, à Omaha, qui sera détruit par la tempête du 19 juin. Quant à l'approvisionnement en carburant, il va être assuré depuis l'Angleterre par un pipe-line qui continuera à fonctionner bien après le Débarquement proprement dit.

Néanmoins, même en choisissant un point de débarquement écarté des objectifs classiques, le Pas-de-Calais a été abandonné : à la fois trop solide et trop bien défendu. Il sera cependant très utile pour intoxiquer l'ennemi en le conduisant à le renforcer encore et à y concentrer l'essentiel de ses efforts.

Restait, comme portion de côte un peu «tranquille» (si l'on peut dire !), celle de la Basse-Normandie, au sud de la Seine.

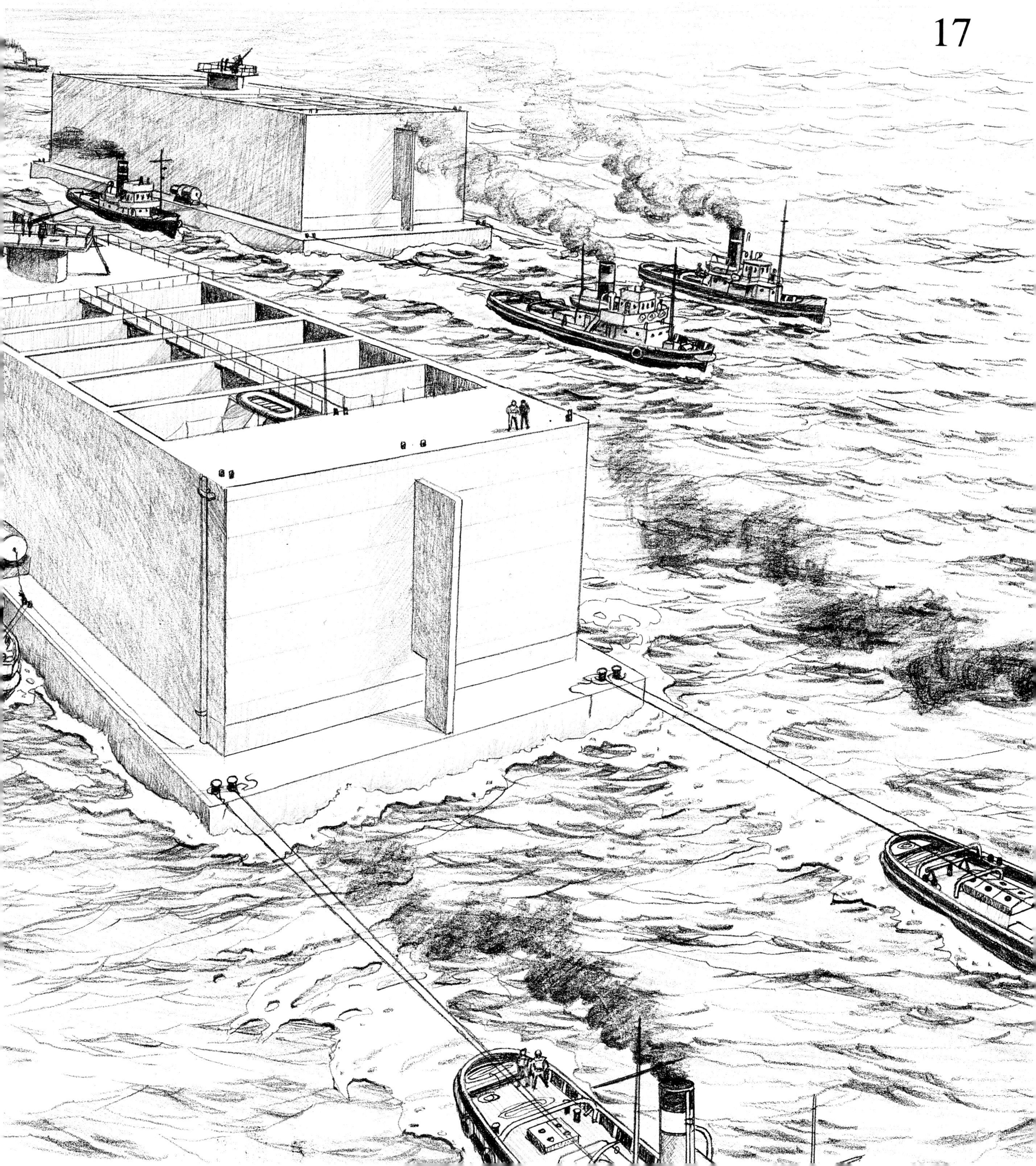

Les plages du Débarquement

Ces cinq plages s'étendent de la côte est du Cotentin à l'embouchure de l'Orne. Soit, d'ouest en est, successivement : Utah, Omaha, Gold, Juno et Sword. C'est sensiblement dans cet ordre qu'elles seront investies, au cours de la marée montante, à la pointe du jour.

Utah, située entre Saint-Germain de Vareville et La Madeleine, sera investie par la Quatrième division américaine.

Omaha, qui va de Vierville à Saint-Laurent, est confiée à la Première et à la Vingt-neuvième divisions américaines.

Gold, entre Asnelles et La Rivière, constitue le champ d'opérations de la Cinquantième division («Northumberland») anglaise.

Juno, de Courseulles à Saint-Aubin-sur-Mer, recevra la Troisième division canadienne.

Sword enfin, entre Lion-sur-Mer et la rive ouest de l'embouchure de l'Orne, sera investie par la Troisième division anglaise.

Les cinq convois de navires destinés à acheminer les troupes d'invasion doivent se rassembler sur une zone maritime surnommée «Picadilly», avant de gagner chacun son objectif, sur des chenaux préalablement ouverts par des dragueurs de mines. Six cuirassés, vingt-deux croiseurs et presque une centaine de contre-torpilleurs assurent l'appui naval.

Toutes ces plages, nous l'avons vu, sont minées, hérissées d'obstacles et protégées par de puissants blockhaus. Sans parler tout simplement du sable mou, qui ralentit et fatigue énormément des fantassins lourdement chargés. La tactique des Anglais diffère de celle des Américains, pour les blindés.

Les Anglais ont en effet mis au point des engins très spécialisés. Des chars-bulldozers dégageront les obstacles. D'autres, munis de sortes de fléaux feront sauter les mines devant eux. Des chars lance-flammes ou équipés de fusées bengalore ouvriront des brèches dans les barbelés et autres fortifications. D'autres enfin, poseront des plaques devant eux pour franchir les trous...

Ces plages sont situées, sauf Sword, dans un bocage qui ne facilite pas la progression ... Mais handicape tout autant l'organisation de la défense.

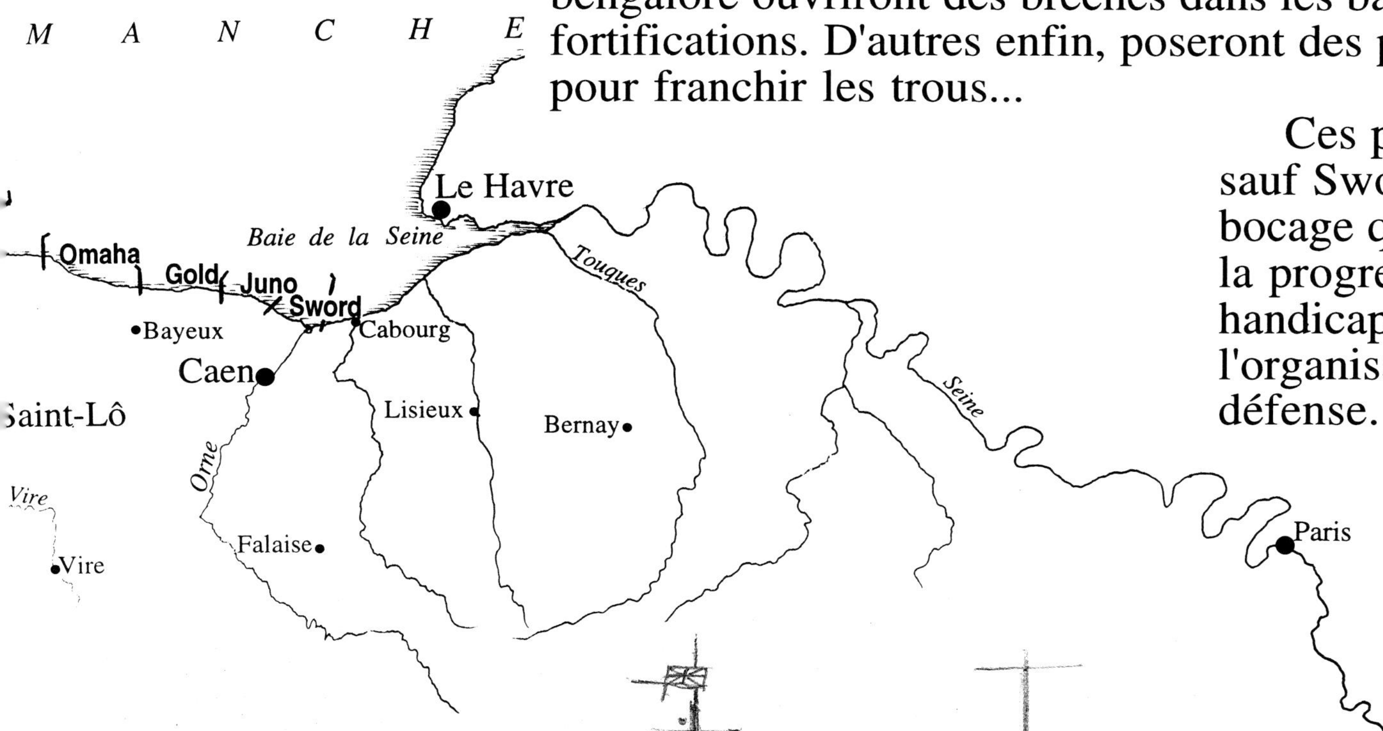

Le choix de la date

On a beaucoup souligné le rôle (certes essentiel) de la météo. Il ne faut pas pour autant sous-estimer celui tout aussi important des marées, surtout sur une mer comme la Manche, caractérisée par de grandes amplitudes. Enfin, la phase de pleine lune est souhaitable, pour faciliter l'approche des divisions aéroportées. Seuls, trois jours de juin 1944 bénéficient à la fois de la pleine lune se levant au milieu de la nuit et de la marée montante à la pointe du jour : les 5, 6 et 7. Eisenhower fixe au 5 juin la date du Débarquement, avec une possibilité de le reporter d'un jour ou deux, en fonction de la météo.

Le 4 juin au matin, une tempête d'une rare intensité fait rage sur la Manche, et les prévisions pour le lendemain sont épouvantables. Effectivement, le temps s'aggrave encore... Les bateaux sont déjà en marche. A bord, c'est l'enfer. Même les marins professionnels ont parfois le mal de mer, alors imaginez le sort des fantassins entassés sur les navires : malades pour la plupart... Dieu sait que s'il existe un élément capable de démoraliser n'importe quelle troupe, c'est bien le mal de mer ! Le 5 au petit matin, le chef météo de la Royal Air Force prévoit une brève accalmie pour le lendemain à l'aube. Il faut prendre une décision rapide : une telle masse de bâtiments sur la mer va finir par se faire repérer... sans parler du moral des troupes embarquées. Le jour J est irrévocablement fixé au 6.

De son côté, Rommel consulte le chef météo de la Luftwaffe qui lui dit qu'avec un temps pareil, toute éventualité de débarquement doit être écartée. Rassuré, Rommel... part en permission ! Il doit en effet aller fêter l'anniversaire de sa femme - puis voir Hitler.

Les sanglots longs / Des violons / De l'automne

Cet extrait de Chanson d'automne, de Verlaine, a été diffusé par la BBC pendant la nuit du 1er juin pour alerter la Résistance française. Le 5 au soir, on entend :

Les sanglots longs / Des violons / De l'automne
Blessent mon coeur / D'une langueur / Monotone

La Résistance est prévenue : c'est pour demain matin. Commence alors un sabotage systématique des voies ferrées qu'on appellera plus tard la Bataille du Rail.

Un ennemi inattendu, le mauvais temps

La première vague d'assaut a donc été embarquée dès le 4, et elle tourne en rond sur une Manche d'apocalypse - surtout pour les fantassins embarqués, par nature peu aguerris à la grosse mer. La flotte rentre au soir, pour repartir chaque nuit et retrouver le même cauchemar.

Eisenhower n'a qu'une hantise : c'est que les Allemands finissent par se rendre compte de l'importance de cette flotte de cinq mille bateaux. Aussi les forces aériennes concentrent-elles leurs efforts sur le pilonnage des radars et des éléments de communication. Elle s'emploie surtout à frapper toute la zone située entre le Mur de l'Atlantique et l'arrière-pays, de manière à isoler autant que possible des fortifications allemandes.

Néanmoins, le pilonnage demeure toujours aussi intense sur le Pas-de-Calais, pour entretenir le mythe du Débarquement à cet endroit.

Pendant la nuit du 5 au 6, une véritable armada aérienne largue, juste après minuit, les premières divisions sur la Normandie : le Débarquement vient de commencer, qui sera suivi dès l'aube par celui des fantassins.

A cause du mauvais temps, les Alliés ont risqué une démoralisation des troupes embarquées, ou, pire, un repérage qui se serait soldé par de très lourdes pertes. Grâce au mauvais temps, Rommel, qui aurait peut-être réagi plus efficacement et plus vite, est parti «en vacances»...

LH314
9
7

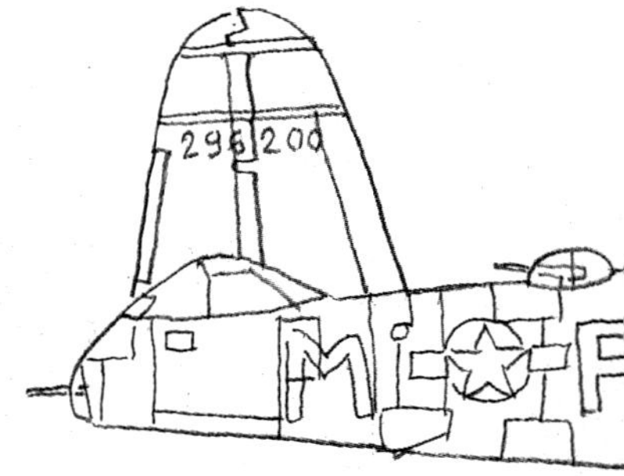

Un allié inattendu, le sommeil d'Hitler

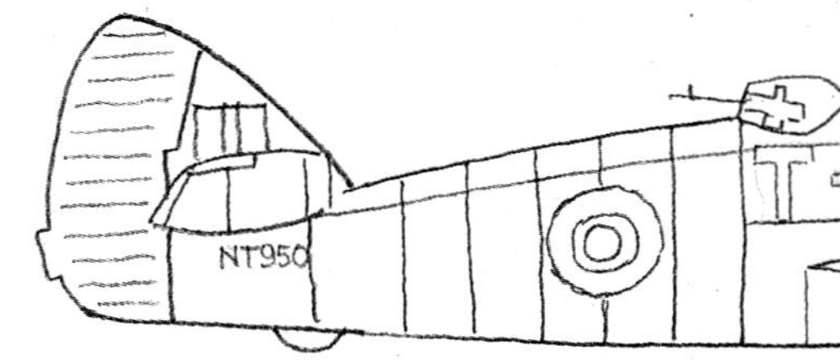

Le gros avantage des troupes alliées réside dans le fait que pendant presque deux jours, les Allemands n'ont pas évalué l'importance de l'offensive. Grâce à l'énorme travail de guerre secrète et d'intoxication qui a précédé le Débarquement, ils ne pouvaient savoir s'il s'agissait du Débarquement proprement dit ou d'une diversion.

Néanmoins, dès l'arrivée des premières troupes aéroportées, en pleine nuit, von Rundstedt veut engager les divisions blindées de réserve. Mais il ne peut pas donner cet ordre, seul. Il appelle le maréchal Keitel, chef de l'état-major particulier d'Hitler, seul capable de décider, qui lui répond :

« Le Führer s'est couché à deux heures du matin. Il est impossible de le réveiller.»

Von Rundstedt, en bon officier discipliné, n'ose forcer la décision. Lorsqu'elle sera prise, en fin d'après-midi le lendemain, les Alliés auront établi leurs têtes de pont.

Par ailleurs, von Rundstedt et son état-major sont perturbés par l'action des aéroportés et des parachutistes. Ceux-ci, «grâce» au mauvais temps qui les a dispersés, vont semer une confusion extraordinaire dans les liaisons allemandes, sur tout l'arrière-pays.

Pendant le même temps, les forces allemandes sont soumises à un véritable écrasement par l'artillerie de marine, appuyée par des péniches lance-fusées.

C'est seulement à l'aube du troisième jour que les Allemands se rendront compte qu'ils ont affaire au véritable Débarquement, d'une ampleur sans précédent, et qu'ils réagiront en conséquence. Mais entre-temps, des troupes fraîches auront débarqué par vagues successives et quasiment ininterrompues...

F O M
ZY V
HO

Les objectifs du Débarquement

Montgomery, qui commande les forces terrestres, est responsable du plan de l'assaut, avec l'amiral Ramsay, responsable des forces navales, et le général Leigh-Mallory, pour les forces aériennes.

Objectif prioritaire, pour la première vague d'assaut : prendre pied et former une tête de pont. Elle doit s'accrocher à tout prix et surtout déboucher de la plage, de manière à laisser de la place derrière elle. Pour sa propre sécurité et pour permettre aux vagues successives de débarquer à leur tour. Les Alliés doivent saturer la défense ennemie et peu à peu amener assez de monde pour refouler l'armée allemande.

Cet objectif essentiel sera atteint, non sans de lourdes pertes comme à Omaha. Il n'en va pas de même avec les autres objectifs immédiats.

Dès le jour J, la ville de Caen, noeud stratégique de communications, devait en effet être prise, et avec elle ses environs immédiats, notamment ses aérodromes. Il faudra quinze jours pour prendre Caen et vingt pour contrôler l'ensemble de son noeud routier. Carteret et Bayeux, inscrits comme objectifs du premier jour, ne seront pris qu'au cours des jours suivants. Le grand tournant, en fait, au bout de quelques semaines, ce sera la formidable percée américaine de Patton sur Carentan, qui enfermera les Allemands dans la poche de Falaise.

L'objectif des troupes arrivées par air était à la fois plus simple et plus complexe : désorganiser - juste en arrière des lignes. Ils disposaient par définition de peu de matériel lourd : quelques jeeps, canons, des bazookas... Ces unités très légères, mobiles, ont mené une guerre de harcèlement, avec leur (depuis célèbre) petit «criquet» métallique (Clic! Clic!) comme moyen de reconnaissance... Ce même criquet provoquera la perte de certains d'entre eux par la suite, quand les Allemands l'utiliseront à leur tour.

L'attaque aérienne

L'aviation va intervenir dans deux domaines bien distincts : la couverture aérienne de chasse et de bombardement et les troupes «aérotransportées».

Comme l'avait prévu Rommel, la couverture aérienne est massive. Les avions ont été hâtivement peints de bandes blanches et noires pendant la nuit, de manière à pouvoir s'identifier à vue.

Ce sont des milliers d'avions qui couvrent le ciel : chasseurs, chasseurs-bombardiers, bombardiers lourds... Dès qu'un chasseur-bombardier a largué ses bombes, il redevient un chasseur et continue à opérer comme tel. Sauf par très, très mauvais temps, les avions déferlent par vagues continuelles, pour assurer une couverture permanente, dès le 6 à l'aube.

Mais auparavant, les bombardiers lourds et les aéroportés avaient déferlé, pendant la nuit du 5 au 6. Aéroportés et parachutistes ont été largués dans des conditions très particulières, à cause du mauvais temps, ce qui les a dispersés beaucoup plus que prévu. Ce gros inconvénient pour eux s'est transformé en avantage : ils ont ainsi pu susciter une formidable désorganisation dans les lignes allemandes, en apparaissant par petits groupes qui, littéralement, «sortaient de partout», pour disparaître aussitôt... et resurgir ailleurs !

Les aéroportés par planeurs, et surtout les parachutistes, ont connu de très dures tragédies individuelles, notamment dans les marais inondés par Rommel. Lourdement chargés par leur armement, le sac de munitions et de ravitaillement accroché à leur jambe, des dizaines, des centaines d'entre eux se sont noyés. Ceux notamment qui ont eu la malchance de tomber dans des zones profondes.

L'arrivée de la première vague, par mer

La gigantesque flotte approche des côtes alors qu'il fait encore nuit. Près des plages difficiles à repérer du large, comme Gold ou Juno, des sous-marins de poche patrouillent depuis trois jours. Ils émettront des signaux lumineux pour faciliter l'approche du convoi naval. En attendant, ils passent les journées posés sur le fond.

Ils sont en surface et prêts à remplir leur office lorsque les navires approchent, précédés par leurs dragueurs de mines. Certains de ces sous-marins ont amené à l'avance un officier de plage (d'autres moyens d'acheminement ont été utilisés).

La flotte alliée, bien que très chahutée par la mer, bénéficie des mauvaises conditions atmosphériques qui abaissent le plafond et les masquent aux yeux des guetteurs allemands. Ces derniers, lorsque se produit l'éclaircie prévue par la météo, n'en croient pas leurs yeux, en découvrant une véritable mer de bateaux... Ils vont réagir très vite et mettre la ligne de défense en action. Mais les bombardements intenses de l'aviation, puis de la marine, réduisent leurs mouvements, alors que leurs lignes arrières commencent déjà à être désorganisées par l'action des aéroportés.

Sur les bâtiments de transport de troupes, des filets à grosses mailles permettent aux hommes de descendre le long de la coque, dans les péniches de débarquement. Il faudra près de dix mille de ces embarcations, pour faire parcourir les derniers kilomètres aux hommes et au matériel, jusqu'à la plage. Dès que la rampe s'abat, l'officier de plage guide les soldats, les répartit selon les besoins, en fonction des obstacles, pour les amener vers les sorties des plages. C'est une marche difficile, pénible, dans le sable, à travers les barbelés, les trous, les mines, en évitant les endroits trop «arrosés» par la défense. C'est pas à pas, pied à pied, que va s'effectuer le Débarquement.

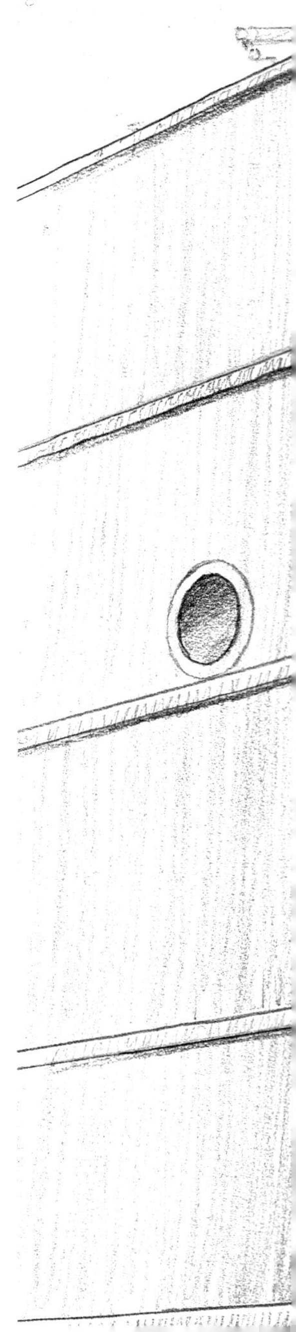

Utah, un décalage providentiel de deux kilomètres

Utah sera la première plage investie, exactement au moment prévu : 6 h 30. Une imprécision ou une dérive imprévue font accoster les premiers assaillants à deux kilomètres de l'endroit prévu. Ils se retrouvent ainsi juste en face d'une brèche défendue par un blockhaus... Mais hors de portée des batteries allemandes. Sur la plage elle-même, la défense est relativement faible et la décision est immédiatement prise de poursuivre le débarquement au même endroit. Les chars amphibies sont mis normalement à l'eau. Vingt-huit sur trente-deux chars «DD» prennent pied sur la plage après avoir littéralement «marché sur l'eau», ce qui produit un effet désastreux sur le moral des défenseurs allemands.

Deux sorties sont dégagées, par où s'engouffre le gros des troupes. En progressant vers le sud, cette troupe sera la première à rejoindre les parachutistes. En revanche, plus au nord, la défense allemande s'intensifie, ce qui se traduit par des combats dispersés tout autour de Sainte-Mère-Eglise, sur un front relativement flou.

Pendant ce temps, et c'est essentiel, les débarquements se poursuivent sur Utah, qui se structure et s'organise au fur et à mesure pour pouvoir accueillir et conduire des renforts de plus en plus nombreux. Malgré une opiniâtre défense allemande, et même une contre-attaque en direction de Sainte-Mère-Eglise, la tête de pont tient bon.

Bien que solide, elle reste coupée du reste de la bataille. Cependant, malgré l'âpreté des combats qui se déroulent un peu plus loin, la plage conquise reste bien dégagée pour les vagues suivantes.

CAL 30 BALLS
RD CLIP

Omaha, la plus chèrement conquise

Les divisions américaines arrivent à Omaha exactement à 6 h 30, mais plus loin des côtes (dix milles nautiques environ). Les premiers problèmes se manifestent dès la mise à l'eau des engins amphibies. Sur vingt-neuf chars DD, deux seulement investiront la plage, qui est plus escarpée et coupée en partie par un muret de béton.

D'autre part, Omaha reflétera le seul défaut de renseignement de cette opération. A l'insu des Résistants, une division d'élite allemande a été mise en poste sur cette garnison, qui balaie la plage d'un feu nourri. Malgré le soutien, plus difficile en raison du site, de l'artillerie de marine, les soldats resteront coincés entre la mer et le muret de béton jusqu'à la mi-journée. Ils effectuent enfin une sortie héroïque. Les Allemands, qui commencent à être à court de munitions, espèrent que ce délai aura permis à leurs Panzerdivisions de prendre le relais.

Sur la pointe du Hoc va se dérouler, dès sept heures du matin, une bataille d'une autre époque. Le sommet de cette falaise escarpée abrite une batterie d'artillerie. Les Rangers vont la prendre d'assaut, en se hissant sur des échelles ou des cordages lancés par des fusées-grappins. Le tout sous les grenades lâchées par les soldats allemands, du haut de l'escarpement. Lorsque la place est enfin investie, les canons viennent d'être déplacés. Au moins ne menacent-t-il plus directement les unités de marine...

Les Alliés vont repousser victorieusement toutes les contre-attaques destinées à les déloger de ce point stratégique (situé entre les deux plages américaines) qui sera le théâtre d'âpres combats pendant deux jours encore...

Gold, la plus vaste avancée

Comme prévu, le débarquement des soldats anglais commence une heure plus tard, à 7 h 30, sur les plages «britanniques». Il faut en effet que la marée montante ait eu le temps de recouvrir les dangereux récifs qui parsèment cette partie de la côte.

La plage de Gold est située entre deux falaises. Grâce aux chars amphibies et à leur armement spécialisé, et malgré une progression difficile des fantassins très éprouvés par le mal de mer, les premiers obstacles défensifs sont progressivement détruits. Les blockhaus sont neutralisés un à un.

Avant la mi-journée, sept passages ont été ouverts, par lesquels les blindés vont pouvoir passer pour prendre Creuilly. Vers l'est, des patrouilles blindées se dirigent du côté de Besnières, pour opérer la jonction avec les Canadiens de Juno. A l'Ouest, Arromanches est prise et déjà les énormes éléments flottants Mulberry y sont rassemblée pour créer le port artificiel. Dans la soirée, un commando poussera même jusqu'aux abords de Port-en-Bessin, tout près des Américains d'Omaha, mais sans les rejoindre encore.

A ce moment, l'avancée touche Bayeux et surtout, elle a coupé la route Caen-Bayeux, ce qui va considérablement gêner l'organisation de la défense allemande.

Juno, la percée la plus profonde

Tout ne commence pas très bien, pour la division canadienne qui croise les récifs les plus dangereux du secteur, sur une mer particulièrement démontée. Cela se traduira par certains retards des péniches, au moment de toucher terre. Deux techniques sont employées, qui réussiront toutes les deux. Les chars amphibies sont mis à l'eau à plus de 500 m de la rive qu'ils gagnent en «nageant» ; ou bien les chalands sont carrément amenés à la côte.

Les combats sont très durs, après l'élimination des obstacles et des mines de la plage par les chars munis de fléaux. Les blindés progressent à travers deux brèches, effectuées entre Courseulles et Bernières. Cette dernière est prise dans la matinée. La progression vers le sud continue, alors que le retard pris au début des opérations manque de provoquer un «embouteillage» sur la plage.

Les blindés avancent toujours. Ils vont même prendre position sur la route Caen-Bayeux. Mais ils ne tiendront pas cette position, leur infanterie n'ayant pu venir les appuyer à temps. La division canadienne réussit néanmoins à arriver au contact des Anglais de Gold, à l'ouest, pour ne former qu'une tête de pont. Ce sera le seule jonction opérée au jour J, entre des divisions assaillantes.

Au soir du 6 juin, outre cette jonction, la division canadienne de Juno est celle qui a réalisé l'avancée la plus profonde dans les lignes ennemies. Celle aussi qui s'est le plus rapprochée de la totalité de l'objectif initial, bien que Carpiquet n'ait pas été pris.

CANADA

Sword, des objectifs trop ambitieux ?

Malgré la forte mer, le débarquement proprement dit se passe assez bien. Vingt-et-un chars amphibies sur vingt-cinq atteignent la plage, et pourront appuyer efficacement l'infanterie. A noter le seul véritable combat naval du jour J : quatre vedettes lance-torpilles allemandes se lancent courageusement, seules, contre l'énorme armada alliée. Elles réussiront à couler un destroyer norvégien.

Trois brèches sont rapidement effectuées dans la matinée, mais le «nettoyage» complet de la plage durera jusqu'à la mi-journée, ce qui permet à l'ennemi de se réorganiser. La liaison avec les parachutistes s'effectuera sur le canal de l'Orne dans la journée, avec notamment la participation d'un commando français dans la région de Ouistreham. En revanche, la progression vers l'ouest et les Canadiens s'avère plus lente et laborieuse, notamment à cause du retard pris dans la matinée. Elle se poursuit néanmoins pas à pas.

Sur la route de Ouistreham à Caen, les troupes alliées marchent sur Bréville, qu'elles atteignent. Elles ne sont plus alors qu'à cinq kilomètres de Caen, leur objectif, lorsque les Allemands réagissent. Après un contact téléphonique avec Rommel, la vingt-et-unième Panzerdivision traverse l'Orne, dans le but de repousser l'assaillant à la mer. Mais les Britanniques ont eu le temps de mettre en place les dispositifs anti-chars. L'aviation alliée pilonne la division blindée allemande, qui perd seize chars, avant de se cantonner en position purement défensive sur la crête de Périers qui commande Caen.

Cette contre-attaque n'a pas pu rejeter les Alliés à la mer. Elle les a empêchés de prendre Caen, l'objectif le plus important de la journée, où il aurait été possible de créer immédiatement des pistes d'aviation...

U.S.
U.S

Côté allemand, vaillance... et confusion

Les troupes allemandes sont très handicapées par une hiérarchisation extrême qui prive les états-majors sur place du commandement réel. Les défenseurs ont toujours réagi avec beaucoup de courage, mais avec une capacité et une valeur combative des fantassins très différentes, selon les cas.

A Omaha, nous l'avons vu, stationnait depuis peu une division fraîche, très dure, qui s'est battue bravement, jusqu'à se retrouver à court de munitions. Il n'en allait pas toujours de même, par exemple avec les volontaires venant d'URSS, très nombreux sur le Mur de l'Atlantique, recrutés en Géorgie ou dans le Caucase, et sans doute moins motivés que les Allemands.

Pendant deux jours, à cause du pilonnage aérien et de la désorganisation semée par les parachutistes et les aéroportés, les états-majors successifs n'ont reçu que des renseignements fragmentaires ou confus. Parfois contradictoires. Ils ne savaient toujours pas s'ils avaient affaire à un véritable débarquement ou à une diversion particulièrement bien montée. Certaines de leurs divisions blindées, en réserve et prêtes à intervenir, n'ont pas bougé pendant un long laps de temps, faute d'ordres de Hitler.

Lorsqu'elles ont enfin démarré, les Alliés étaient déjà derrière elles.

Les défenseurs allemands ont cependant eu le courage de tenir pendant des semaines, devant une puissance formidable qui s'étoffait de jour en jour. C'est finalement cet afflux incessant qui a eu raison de leur détermination. Cette troupe qui grossissait sans cesse et dont les vagues successives semblaient sans fin, ajoutée à l'harassant pilonnage de l'aviation a fini par briser le Mur de l'Atlantique...

71·S
14

Au soir du 6 juin...

Cent trente-deux mille alliés ont déjà débarqué, auxquels il faut ajouter vingt-deux mille cinq cents aéroportés et parachutistes. On dénombre déjà, côté alliés, deux mille cinq cents tués, neuf mille blessés et un millier de disparus.

Les Alliés ont conquis les cinq positions prévues et sont installés sur quatre solides têtes de pont. Les plages sont dégagées et prêtes à accueillir les vagues suivantes. Le gros problème logistique, au cours des jours suivants (et parfois dès le jour J) consistera à dégager les innombrables épaves de bateaux alliés.

Bien organisées, les têtes de pont sont maintenant capables de tenir tête aux contre-attaques, d'autant que les renforts vont arriver quotidiennement.
La couverture aérienne est totale, sans faille - et sans véritable opposition.

Mais ces têtes de pont ne sont pas encore reliées entre elles, et les Allemands commencent à se ressaisir. Leurs troupes stationnées sur le territoire français sont mises en alerte. Les objectifs stratégiques : Caen, Carpiquet, Bayeux, ne sont pas investis par les Alliés.

Cette journée du 6 juin marque une victoire stratégique, acquise en grande partie grâce à l'artillerie.

Marine, terrestre ou aérienne, c'est l'artillerie qui s'est révélée déterminante. Au soir du 6 juin, les Allemands seront passés de la défensive à la défaite.

TABLE DES MATIÈRES

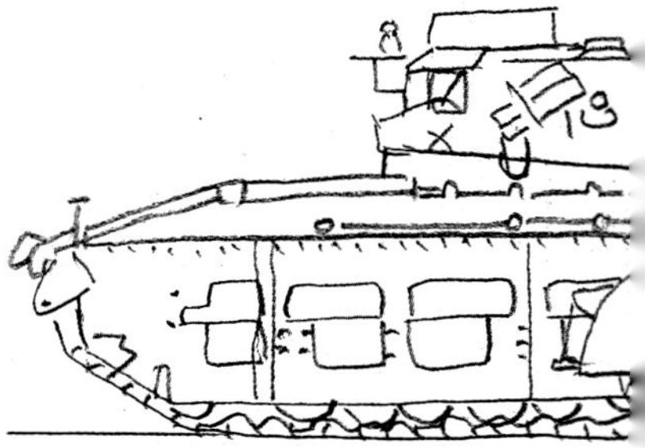